JN410452

악아

장순익 시집

시인동네 시인선 052

장순익 시집

악아

시인동네

시인의 말

배 지나간 물결이 발을 석셨다.

약봉지 옆에 오래전에 쓴 내 책을 두신 시어머님
점심을 차려 드리고
저물기 전에 다시 강가에 갔다.

밀짚모자 테두리를 장식한 흑백필름을
햇빛에 비추어 보던 얼굴로
어르신이 된 미루나무를 바라보았다.
말발굽 찍힌 억새길 따라
먼 기억이 달려왔다.
나를 회복시킬 곳을 찾았다.

2016년 4월
장순익

차례

제2부

제3부

제1부

감

떫었던 시절 지나
터질 듯 농익은 시절도 지나
흰 눈 속에 찌그러져 있다

생의 압축 파일을 녹여 먹고 싶다

임명장

헐거워진 항문이 방귀 놓치는 줄 모르는
정년퇴직 앞둔 분교 교장 선생님과
"얼른 쉽게 얘기해서"를 말머리에 다는 늙은 관리인

아이들 다 집으로 가고 난 저녁나절
교문 앞에 쭈그려 앉았다
교통사고로 간 아들이 남긴 손주 이야기
딸의 남자 친구가 꽃바구니 해온 이야기
위로와 축하 시들해지고
노을 진 하늘에 백로 몇 마리 날아가나
눈으로 세어본다

나는 주간 교장 할 테니
당신은 야간 교장 하슈

어둠이 백로 발목을 채어 갈 때쯤
엉덩이 흙을 털고 일어선다
주간 교장은

학교 뒤 사택으로 퇴근하고
방금 임명장을 받은 야간 교장이
텅 빈 학교로 출근한다

개구리 소리
가갸거겨
교문으로 밀려든다

자운영

학교 가는 길옆에 자운영
책보 맨 채로 뒹굴며 놀던 자운영
까만 염소가 뜯어 먹던 자운영

등잔불 심지 돋우며 양말 깁던 어머니
천년만년이나 살 건가
나물죽이라도 끓여 먹겠다고 뜯어간 사람이 무슨 죄여
이발소 머리카락을 뿌린 사람이 더 큰 죄지

미나리 맛 나는 자운영
쟁기로 갈아엎은 자운영

젓가락질

공사장 인부들이 합판을 깔고 앉아
배달음식을 먹고 있다

나이 든 인부가 뻐드렁니를 드러내며
일당 신참을 위로한다

힘들지?

힘든 일에는 다 '질'자가 들어간 거여
삽질, 지게질, 목도질

그중에서 제일 힘든 게 뭔지 아남?
바로 젓가락질이여

나무젓가락으로 사장면을 비비고 있나

방때 빤스*

배달이 밀릴 때는
설거지물에 면발을 헹구기도 한다는 중국집
두 집 살림 하는 주인아저씨는 포마드로 찰싹 붙인 머리
오전에만 잠깐 나타났다 안 보이고
연탄을 깨뜨려 물로 반죽해야 화력이 좋다던가
십칠팔 세쯤 전라도 머스매 두 명이
화덕에 끓이고 볶고 튀기며 땀을 흘리고 있었다
떨떨거리는 공업용 선풍기는
손님과 카운터에 앉은 주인아주머니 용도일 뿐
뒤곁 쇼트닝 통에 걸터앉아 더위를 식히던 녀석들
때 묻은 난닝구를 허리춤에서 꺼내 펄렁펄렁 바람을 일으키곤 했다

정장 원피스에 스타킹까지 신은 나를 보고
저 누나는 덥지도 않나
뒤이어 녀석들만의 수군거림
더워 미치겄다
그래서 나는 방때 빤스를 입는당게

>

어느 날 더위에 푹 삶아진 녀석
허공에 시선을 둔 채 쪼그려 앉아 담배를 피우고 있었다
무심히 반바지 한 쪽으로 삐져나와 밖을 내다보는 쌍방울
방때 빤스의 진면목을 보여주었다

미노펜디의 뜻.

복날은 간다

비가 억수로 퍼붓는 복날이었습니다 삼계탕을 기다리는데 우산 속으로 들이치는 빗줄기처럼 옆자리 남자의 목소리부터 한 상 차려졌습니다

나는 말이야 아들놈 공부 잘하라고 강요 안 해 일찍부터 여자 잘 꼬시는 법 가르치는 게 낫다구 요즘 딸 하나 둔 집도 많잖아 부잣집 딸 하나 잘 꼬시면 나중에 그 재산 다 어디로 가겠어 평생 쎄 빠지게 월급 생활 해봐야 별 볼 일 없다구

천둥 번개와 같은 말씀을 얻어 들은 상대방이 맞어 맞어 맞장구치고 막 가져온 뚝배기 속에 머리 없고 발 버린 영계가 얌전히 다리 꼬고 있었습니다 간 쓸개 다 빼놓고 찹쌀 대추 은행으로 불룩해진 배에 젓가락을 대자 펄펄 끓는 국물 속 허벅지에 오소소 소름이 돋았습니다

속 파먹고 뼈 발라내고 국물을 마시느라 뚝배기를 뒤집어쓰는 남자, 벼슬이 자라나고 명관*이 트이던 시절 홰를 치며 우렁차게 새벽을 깨우는 꿈이 있었을 수탉, 모이 한 알에 머

리 한 번씩 숙이느라 간 쓸개는 횃대에 걸어 두고, 숱한 공격과 방어로 며느리발톱**을 세웠을 수탉, 날개는 짧아지고 몸집은 커져 지붕을 올라 본 것이 한계인 지상 새, 조기 성장의 사료를 먹고 조기탈모로 정수리가 휑한 수탉이 이쑤시개를 물고 얼굴에 화색이 돕니다. 황금알 낚는 계책을 전수받은 수탉은 되똥되똥 수업료를 지불하러 계산대로 가는 것이었습니다.

---

*명관: 닭의 목 아래 있는 울음 우는 관.

**며느리발톱: 수탉에게만 있는 발톱으로 싸울 때 무기로 씀.

비밀의 화원

건너실 산 밑에 아줌니는 생전 마실도 안 다녀 자기가 안 다니니까 남들도 그 집에 안 가 어쩌다 비탈밭에 수건 쓰고 앉아 밭 매는 거나 볼까 뭘 먹고 사는지 장에도 안 다녀 남정네가 있나 품앗이를 하나 가을이면 온 동네 지붕 새 이불 덮은 것 같은디 그 집 하나만 시커멓고 움푹 꺼져도 이엉 엮어 줄 사람이 있나

겨우내 눈 쌓이고 녹아내려 더 납작해진 그 집
봄 되면 아주 사라졌다
크나큰 팔이 포옥 감싸듯이
늙은 벚나무와 살구나무가 꽃을 피워
아주머니도 초가지붕도 다 감춰버렸다

먼빛에서 볼수록 궁금증이 뒤꿈치 들썩거리는 봄
나물 뜯으러 갔다가
뒤꼍 울타리 사이로 보았다
두 딸이 꽃그늘과 햇빛을 반반씩 걸친 멍석에 앉아
머리를 빗겨 땋아주는 것을

늙은 벚나무와 살구나무 사이에 줄을 맨 바구니에서
아기가 주먹을 빨며 가만가만 흔들리는 것을

해마다 봄이 되면 꼭 그 집만
아들만 아홉 둔 집도 아니고
바깥마당에서 풍물패 놀이하던 부잣집도 아니고
산 밑에 아줌니 집만
크나큰 꽃 품에 안기는 비밀
이 세상 하루만 허락된 소풍처럼
친정집 뒤곁으로 소풍 올 각별한 딸들이 있기 때문

꽃그늘 아래 주먹을 빨던 아기
지금쯤 나이 사십은 되었겠다

복숭아꽃

강화군 화도면 내리에서 흥왕리 가는 뫼넘이 고개가 있는데요. 그 꼬불창한 십여 리 길에 해마다 복사꽃이 피는데요. 날씨가 화창하면 화창한 대로, 물안개가 피면 또 아스라이 몽롱한 것이 사람 홀리는데요. 대체 누가 심은 것도 아닌 것이 길 양쪽에 도열해 봄이 오면 내가 살아 있음이 실감나게 기쁘도록 하더란 말입니다. 차로 오 분, 걸어서 한 시간 걸리는 그 산길에 예전에는 주막이 있어 장꾼들 목을 축여 주기도 했다는데요. 공비가 민간인을 해치는 바람에 나라에서 철거했다나요. 지금도 명분은 유지하는 닷새장이 화도터미널에 서는데요. 겉보리 됫박이나 보퉁이에 끼고 장에 갔겠지요. 복숭아랑 바꿔 집으로 올 때, 펑퍼짐한 바위에 걸터앉아 다디단 복숭아 한 입 베어 물고 허기와 숨을 골랐겠지요. 길가 바위에 앉아 퉤! 씨를 뱉거나 심심풀이로 휙 던진 딱 그만큼의 거리에 복숭아꽃이 피어 있습니다. 차로만 지나다가 까만 비닐봉지 들고 타박타박 걸어보니 문득 알게 되더란 말입니다. 무릉도원은 사람 사는 마을과 이어졌다는 것을요.

자전거 탄 사람이 딴딴한 복숭아 같은 엉덩이를 치켜들고 고개를 넘네요.

등꽃

야야, 귀걸이 떨어지믄 발등 깨지겄다

배배꼬면서
엇다 숨겨뒀다가 한 번에 다 내걸구 나온겨
건달 바람이 슬쩍 지나만 가두
찰랑찰랑

향수 좀 애껴 써
관광버스 한 대 다 차구두 남겄네

아무나 붙잡고 다리 감어 돌리지 말어
곰탱이 찡이 구석에 머리 처박구 있다가
사래 들린 소리로 내뺀다야

서울에 올라가려면 등산화를

해병대 신병의 첫 휴가 같은 봄
빳빳한 바짓단 속 스프링처럼
한 발 내디딜 때마다
햇볕이 창창 소리를 낼 것 같다

홍대에서 만날까
인사동에서 만날까
어쨌든 서울에 올라가려면
등산화를 신어야 한다
만리장성과 히말라야를 디뎌 보고
상추밭도 드나들며 너덜너덜해진 등산화

서울
오르고 또 오르면 못 오를 리 없건마는
낮에도 컴컴한 셋방에서 성기노도 미끄러져
삼십 년 동안 오르지 못하는 산
서너 군데 터진 입으로
불평하는 등산화가 지하도를 오른다

티셔츠 입은 여자

쌍쌍 호프집에 앉은
마흔 중반의 여자
흰자위 많은 큰 눈동자에
빤짝이 립스틱을 칠한 여자
두 팔을 탁자에 고이고
연신 고개를 끄덕이며
대화에 열중하는 여자
더 잘 듣기 위해
상체가 앞으로 기울어지는 여자
가슴 골짜기로 따순 김 올라오네
움직일 때마다 주발 뚜껑이 허술해지는
평생 제 입에 넣어보지 못한 고봉밥
아직 식지 않았다고
모락모락 탁자 위에 올려놓네
맥주가 들어갈수록
티셔츠 리본 끈이 헐거워지네

고쳐 쓰는 이솝우화

벗지를 말든가
가리지를 말든가
한겨울 백화점 외벽에
맨몸뚱이로 내걸린 여자
다리는 꼬고 누 팔로 가슴을 가리고 있다

벗은 여자의 가랑이 밑으로는 전철이 지나가고
전철역 후문에 겹겹이 옷을 껴입은 노숙자들
신문지를 깔고
이불보퉁이에 기대어 목을 움츠리고 있다
얼굴과 손에 새까만 때를 껴입고 있다

여자와 노숙자를 벗길 수 있는 것은
햇볕이 아니라 지폐다

부부 2

허우대 멀쩡헌 것만 보구 데려 왔더니
시집온 다음 달부터 이빨 박는다구 싸다니질 않나
완전 피박을 뒤집어쓴 거여

애 딸린 홀아비가 처녀장가 들었으니
호박이 덩굴째 굴러 온 걸
분수 모르는 소리 허구 자빠졌네

겹친 사기대접처럼
깨박살 낼 수 없어
그럭저럭 삼십여 년

환갑이라네
사위 보고, 외손주도 봤다네
손주가 말 배우면
함무니 하부지 커서 뭣 될라고
그렇게 말 안 듣는 거예요 하게 생겼어

징하!

남의 부부 싸움에
훈수 두기는 또 일등이라니께

그 집 자식들 다 삐뚤어질 줄 알았다

엘리베이터에서 마주치면 얼굴도 못 드는 위인
한밤중에 벽에 걸린 거울을 떼어 던지고
뚱뚱한 테레비도 번쩍 들어 거실 바닥에 메어쳤다
물 말아 먹던 밥사발로 마누라 정수리를 내리쳐
집 앞으로 콩나물 사러 갈 때도 모자를 쓰게 만들거나
친정에서 돌아와 보면
장롱 속의 옷들이 몽땅 욕조에 잠겨 있기도 했다
아파트 옥상에서 밤새 모기에 뜯기고
학교에 가는 아이들 얼굴에는
아침부터 그늘이 들었다

그 집 아들 커서 군대 가더니
꼬박꼬박 안부 편지 잘하고
휴가 나오면 친구보다 부모님과 놀러 다녔다
그 집 큰딸 아부지 불쌍하다고
아프면 병원 모시고 가고
맛집 찾아 좋은 안주에 술 따라 드렸다
지가 벌어 시집가면서

친정집 가전제품도 싹 바꿔주고 갔다

자식농사 정답이 없는 거다

몸종

새벽에 빗소리가 났다
앓다가 잠든 아이
이마를 짚어주듯이 오는 비
이불을 뭉쳐 안고
모로 누워
대추나무 잎사귀처럼
귀가 순하게 젖는다

배가 고프다

간밤에 베개를 누르던 고민들
간단히 무력화시키는 종(鍾)
몸의 중심에서 허기를 깨우는
쓸쓸하고 명료한 몸종

손님 대접

무릎 아픈 왕언니를 모시고 갔을 때
웃는 낯은커녕 인사말도 싹 무시하던 영감님
슬그머니 대문 밖으로 나가셨다

마당에서 꽃구경을 하고 나오자
바깥 화장실에서 황급히 일어서는 영감님
엉거주춤 서 있는 발밑에
흰 고무신 모양의 푸세식 변기가 있다
맨손에 철수세미가 들려 있다

말씀의 집

빨랫대에 걸린
2003년 문예대학 수련 기념
시련은 있되 수련은 없이
십 년 동안 얼굴에 물기만 닦아 왔구나
아침저녁 거울 보며 닦으라고
코앞에 들이대고
손에 쥐어줘도 안 보이던 말씀들
화장실에 차곡차곡 쌓아 두었구나

한물 간 아파트 번영회
퇴직금 우려내다 몇 달 못 버틴 신장개업 설렁탕
일주일 단위로 달리 보여주는 미술관 개관
아직도 개종 못한 전도 대회
올곧게 박은 창립 20주년
마르고 닳도록 결혼기념
어디 세웠는지 모를 준공기념
평생 삐그덕대다 틀니 덜그럭거리는 영감만 남은 고희 기념
머리부터 발끝까지 닦아주던 말씀들 앞에

한결같은 祝

아무 말씀도 없는 수건이
축축하게 젖던 날

음력 칠월 초하루
상여 뒤를 따라 산에 오르던 날

고물상에서 분리되다

어린왕자, 아버지, 수학의 정석, 여자는 차마 말 못하고 남자는 전혀 모르는 것들이
고물상 땅바닥에 쏟아진다

두 권을 골라놓고
아주머니에게 신문지를 갖다 드리마고 했다

그까짓 신문지 무게도 안 나가
말만 그렇지 약속 지키는 사람 못 봤어
여기다 놓고, 신문지 가져온 다음에 가져가

패션모델이었으며 미국 유학 출신이며 목사 부인이며 우등생 어머니이며 잘나가는 이미지컨설턴트인 친구와, 책 두 권을 쓴 나는 입이 붙어버렸다

제목과 내용은 상관없이
일 킬로그램에 육십 원의 폐지처럼
단숨에 못 믿을 인간으로 분류되었다

(나는 무게로 치면 괜찮은 고물이다)

고리 달린 큰 자루를
집게차가 들어 올리고 있다
빨리 일어나야 되는데 무릎이 굳었다
어딘가로 실려가 재생되어야 할 고물이 되었다

옥수수 무덤

삶은 옥수수에 들어앉은
죽은 벌레

이렇게 꽉 찬
곡식 창고를 차지한 순간
무덤이 되다니

제2부

유구한 젖통

역사와 전통을 입력했는데
역사와 젖통이 출력되었다

젖통만큼 乳久한 전통이 있을까
폐경의 유선이 찌르르하다

30점짜리 과제물을 캐다가
오천 년 유물이 출토되었다

지드만 생일

엄니, 지가 태어난 시간이 언제래유?

그러니께, 일찌감치 저녁밥 해먹구, 닭이 횃대에 오를 시간부터여, 그때부터 비슬르기 시작혀서 밤새 비슬렀지, 삼 갈르구 물 끓여서 애기 씻기구 옆에 끼구 누워서 쳐다보니께 창호지 문이 번허니 날이 새능겨. 늬가 닭띤디 낮에 낳어봐라. 남의 집 마당으루 채마밭으루 헤집구 댕기다가 돌팔매 맞구 남의 입에 구설 들을 거 아니냐, 밤중에 낳으니께 남 입에 오르내릴 일 읎을껴, 횃대에 앉어 자는 시간이니께 서방이 벌어다 주는 거 앉아서 받아 먹을껴, 개태골 이모가 안 그러시더냐, 네 이마가 됫박 이마라 잘살 거라구

멱국 맛나게 잘 끓였구나. 멱두 귀헝게 애 젖 빨리구 돌아서믄 금방 배가 고파서 지발 덕덕 멱국이다가 숟가락 꽂아서 안 자빠질 만큼 건데기 빽빽허게 좀 먹었으면 원이 읎겄더랑게, 그려두 너 날 적이야 안직 일철이 아니니께 편하게 애기 젖 멕이구 앉어서 멱국 얻어 먹었다만 늬 동상 날 적이는 보리바심헐 때여, 너랑 늬 오빠랑 홍역이 같이 들어서 둘이 번

갈어 업어 달라구 보채지, 늬 아부지는 홀태에다 보리 훑으면서 보리토매 빨리 안 가져 온다구 역정내시지, 보리토매를 양옆구리에 하나씩 끼구 우리 밭이서 선영이네 밭둑을 올라오는디 애기가 가랭이루 빠져 나올라구 혀서 발작이 안 떨어지능겨, 보리토매 마당에 던져놓구 엉금엉금 방에 기어가 보니께 애기 머리통이 까맣게 보이데, 된똥 누드끼 두어 번 심주니께 애기가 나오지 뭐여, 금방 방에 들어갔는디 애기 울음소리가 나니께 늬 아부지가 손에 묻은 보리꺼럭 털 새도 읎이 방에 들어와 보시구는 기가 멕힌게벼, 그날 즘심때 보리밥이랑 상추쌈을 아주 맛나게 먹구 한참 일허다 낳으니께 즘심때 지나서지 뭐, 그려서 그렁가 늬 동상이 상추쌈을 그르케 좋아허네벼,

그쩍이는 돌림병이 흔혀서 언제 죽을지 몰라 첫돌 지나고 나서야 출생신고들 혔나는니유, 그려서 그렁가 울 엄니는 사식늘 생일누 깐단허게 말씀 안 허시구 지드만허게 늘궈서 말씀히셨지유.

달집

비료포대 터져 있는 밭 귀퉁이에 차를 세운다
노을은 산등성이에서 밍그적거리고
들뜬 달은 벌써 들판 끝에 떠올라 있다

소방차를 대기한 달집태우기
솜방망이 불이 달집에 옮겨 붙자
풍물패 소리가 더욱 빠르고 높아졌다
치솟는 불길에 흩어지는 불티
폭죽과 환호 속에 강강술래야

조용히 바라보던 두 여자가 결심했다
앞문을 열고 나온 여자와
뒷문을 열고 나온 여자가
자동차 후미 그림자 속으로 숨어든다
어둠이 켜 준 밝은 달
달빛이 드리워준 짙은 그림자 속에
고부가 나란히 궁뎅이를 내놓고 오줌을 눈다
달거리도 끝난 두 여자

비료포대 터진 밭 귀퉁이에 방광을 비운다
강강술래야
달집 허물어진다

뺑치기

테레비가 안 나와서 옆집 진희 아부지를 불러 대두 안 되구
진희 엄마가 만져봐두 안 되니께
냅다 써비쓰루 전화를 걸더라구
명절이라 빨리 못 온다구 허더라나
당신들말여 이 할머니 아들이 대우에서 높은 자리에 있는디
빨리 안 오면 밥줄 끊어질 줄 알어 그랬댜
시상이나 그런 뺑이 워딨어

뺑이야 갸들이 먼저 쳤쥬
우리가 쌀 튀기구 강냉이 튀길 때
갸들은 우주적으로 튀겼잖유
삼성 금성 칠성 대우

우리야 사실 말이지 튀긴 게 뭐 있남유
엄니 큰 아들은 태평양이다 발 담그구 있으니께
맨날 하늘이랑 맞장 뜨잖유
맏손자는 엄니 세대가 밀어 올린 현대판에 있구유
둘째 아들은 상식도 뒤엎을 수 있는 중장비를 허구유

막내아들은 돌아야 사는 것들 취급허는 베어링 굴리구유

사람을 생산한 엄니가 대우보다 더 큰 집이잖유
탯줄 젖줄 핏줄 꽉 잡고 기셨잖유
엄니, 쩔릴 거 읎슈
대우가 엄니 대우 잘 안 해주믄 밥줄 짤르야 많어유

갸들 엄니두 아닌디
테레비 바꿀 때 된 거 아는디

불심

아이구, 작년까지만 혀두 백팔 배를 혔는디
인자는 못허겄다

엄니, 인제 그만 허셔유
인제 엄니가 부처님한티 절 받을 연세가 됐잖유

발 저린 부처가
오케이 사인을 하며 웃는다

큰 손

흘러간 물이라고 다시 못 오랴
갯바람에 한 사리지 마라

초지대교* 검문소를 무시하고
조석으로 들고나는데 이골이 난 물
목사리 풀린 개처럼 나갔다가
오장육부를 뒤집으며 돌아온다
어디서 무슨 꼴을 당했는지
게거품을 물고 널부러지면
한동안 잠잠하다

집 나가봐야 별수 있간디
인력으로 본병 도지는 걸 어쩌겄어

양손에 바가지 들고
조석으로 쌀 이는 손이 있나

---

*인천시 강화군 길상면과 경기도 김포시 대곶면 사이를 잇는 해상대교.

괴수촌의 비밀

파출소를 팥죽소라고 발음하시는 어머니
팥죽도 호박죽도 잘 쑤셨다
대학 교수인 막내아들 집에서도
그 습관 여전해
팥 사고 찹쌀 사고 늙은 호박 사러
춘천시 퇴계동 아파트 주변을 찾아 다니셨다
시골마을 한 바퀴 돌아
그 동네 고추장 된장 맛 다 꿰고 오셨다

벨 누르면 빠끔이로 확인하는 아파트
떡이며 호박죽으로 활짝 열리고
빈 그릇 내줄 수 없어
손수 만든 빵이며 과일이며 나물을 담아주면
그걸 나누려고 또 바쁘셨던 어머니
이웃집 식탁을
중국의 회전 식탁처럼 돌려놔 주셨다

알고 봉게 우리 망내만 괴수가 아니고

우리 아빠또가 순전히 괴수촌이더랑게
요런 위험천만한 기밀을 누설하시기도 했다

배추

귀 어두우신 어머니
고속도로를 달리는 내내 전화해도
불 들어오는 전화기에 눈길 한번 주시지 않고
마당에 차를 세워도 인기척 없는 집
어디 먼 데 가셨나
세 시간 반 되돌아갈 일 막막한 눈에
언뜻언뜻 창문으로 푸른빛이 비친다
방문을 열고 전기 스위치를 올리자
텔레비전 쪽으로 돌아누운 어머니
어깨 흔들어 깬 잠이
연속극 이어 보시는 눈이다

보일러실에 배추 몇 포기 신문지에 싸 놨다
늬 성 줄라구 냉겼는디 언제 올라나
먼저 온 놈이 가져가라
마루 끝에서 손 흔드시던 어머니

베란다에 두고 잊었다

신문지를 풀자 옆으로 누워 쪼그라져 있는 배추
겹겹이 수분을 말려 염하고 있다

움파

수선화꽃 핀 마당 귀퉁이
엉덩이는 하늘로 치켜들고
허연 머리가 땅에 닿을 듯
파를 뽑으시는 어머니
하루 열여덟 개의 알약을 삼키고
일주일에 다섯 번 요양보호사의 방문과
한 달에 두 번 목욕 차량의 도움을 받는 어머니
겨우내 텔레비전 리모컨만 움직이시더니
누런 잎 매달고 짜부라드는 대파 같으시더니
움파처럼 깨송하셨다
92세 된 당신의 큰언니가 돌아가셨다는 소식 듣고도
못 가보는 몸이
5분에 한 번씩
너 점심은 먹었니 묻는 정신이
자식 입에 음식 넣어주는 게 뭐길래
딴 힘이 솟았다
지척지척 플라스틱 슬리퍼를 꿰고 나와
대파를 뽑으신다

고무줄바지 흘러내린 괴춤으로
따뜻한 햇볕이 찬찬히 진찰하고 있다

그까짓 양평해장국 쇠고기 건더기가 뭐라고

눈물은 아래로 흐르고
숟가락은 위로 올라간다지만
막 해산한 아기 빼앗긴 산모 같은 마음
무슨 입맛이 땡길 거라고
음식 깨적거린다구 미어 박는 소리라니

머리로 부딪고 손으로 쳐도 끄떡없는
차디찬 통유리
누군가의 뿌연 흔적 위에 얼굴을 뭉개며
불구덩이로 들어가는 어머니를 본 지 몇 시간이나 지났다고
막 낳은 애기처럼 따뜻한 유골함
자장자장 우리 엄니
잠 깨면 놀라실까
찬바람에 추우실까
잠바 속에 품어 쓰다듬고 토닥토닥
몸은 장지로 가면서
집에 가자 집으로 가자
간절히도 젖 물려 키우고 싶은 엄마

대리석 무덤에 넣고
쇠줄 채워 자물쇠 잠가놓고

봉분 같은 밥 헐어
꾹꾹 말아 삼키지 않는다고
그까짓 수입 쇠고기 건더기 좀 남긴 게
뭐 대수여?

도대체 오 년 동안 삭지 않은
이 밥알
어느 구석에 있다가 치미는 건가

6차선 도로에서 어머니 목소리를 듣다

잘 가!
버스 두 번째 계단에 발을 올린 사람
등 뒤에 얹어 보낸 목소리
버스는 떠나고
내 입에서 튀어 나온
어머니 목소리

내 팔로 내 몸을 감싸고
집으로 돌아오는 길
6차선 도로의 소음을 물리치고
귓가에 남은 그 목소리

가라앉힌 엿기름물을 분리할 때
그 앙금의 쏠림 같은 마음이 배웅하는
잘 가!

새벽에 잠 깨어 홀로 있을 때
다시 듣고 싶은 그 음성

딱 한 번만 내 목젖에 실어주셨다

언젠가부터 내 몸에 깃드신 어머니
오른쪽 뺨과 오른쪽 손등에
검버섯으로 피어났다

복

집터 잡는 지관 왈
당대 발복할 자리 점지하랴
후대 발복할 자리 점지하랴

우리는 살 만큼 살았으니께
후대 발복할 자리가 낫지유

이 집터에 사람이 똥에 고자리 끓듯 하면
그때 발복할 것이니 그리 아시오

이모 이모부 돌아가시고
그 집 헐린 자리 학교가 되었다

이모 아들 중에
사장도 나오고
국회의원도 나왔다

모가 한창 땅심 받아 푸를 때

논에 풀 매던 고향 사람
검은 비닐봉지 들고 산으로 가는
사장 아들을 보았다
땡볕에 너무 오래 안 내려오는구먼
논매던 호미 놓고 올라가 보니
엎드려 있더란다
부모님 산소에 절하는 자세로

꽃베개

어머니, 냉이 캐 왔어요
참새 잡어 왔다구?

사시장철 꽃베개에 누워 계시는 어머니
맛난 것 자시던 중이었는지
입가에 침이 흘러내리고 있다

눈물 귀젖 침 다 받아먹고
활짝 핀 목단꽃
때 타지 않는 촌년이
꽃 시절 누벼놓았다

쪼글쪼글한 입이 밤새
푸! 푸!
꽃에 분무질 하신다

고객감동서비스

잿밥에 수저 꽂듯
허물어진 봉분에 꽂혀 있는 명함
출세한 자식이
'저 다녀갑니다'라는 뜻인 줄 알았다

황사바람이 산벚꽃을 날리거나 말거나
낯짝 험한 구름이
욕지거리처럼 비를 뿌리고 가거나 말거나
제자리를 지키는 명함
'분묘 이장 상담 환영'이 방수처리 되어 있다

장마통에 무덤이 잡수셨는지
풀 속에 주저앉았는지 잊힌 명함
기러기 돌아오고
구절초가 만발했다
봉분 위에 무수히 꽂힌 하얀 명함들이 웃으며
찾아가는 고객감동서비스를 실천하고 있다

노총각 병근이 엄니 말씀

옆집 영자는 총각놈 둘이 서로 좋다구
팥 바구니 쥐 드나들듯 헌다는디
영자 엄니 가갸 뒷다리는 몰러두 계산 하나는 빠꼼이라
저울질을 해쌌는다는디

우리 아들놈은 쑥맥겉이 워째 연애질두 못헌댜
대핵교 문턱을 안 밟어서 그렇지
키빼기가 모지라나 직장이 읎나
혼자 자취 헌다구 곯아서
시방이야 그늘에 밀대짚겉이 생겼지만
살만 올르면 괜찮은 인물여
내 새끼지만 애는 진국이니께
워디 중매 좀 혀봐유
요즘 츠녀들이 눈이 높다구 허지만
지가 높아봤자 눈썹 밑에 달렸지 이마빡에 달렸겄슈?
이런 말 혀서 거시기 허지만
점방집 딸네미가 미용 기술 배워서 돈 잘 번다구
그르케 눈이 높다구 허더니만

추석 때 신랑감이라구 달구 왔는디
속이 든 재주는 어떤가 몰러두 참,
넝쿨콩 딴다구 전봇대에 올라가구 촐랑대는 게
참새 앞정갱이 회 쳐 먹게 생겼드만
모팅이집 둘째 아들은 땡전두 읎는 놈이
한강물을 한입에 생킬 것처럼 배포만 크더니
워디서 훤칠허니 매끄롬헌 지지배를 꼬셔왔잖여

우렁두 논두렁 넘어가는 재주 있다는디
우리 아들놈은 빙신겉이 후라이두 못 까구
내가 넘의 결혼식만 같다 오면 아주 복장이 터진다니께유

밥을 먹다가 문득

그 쬐끄만 체격에 어디로 다 들어가나
목구멍이 잡아 댕겨 씹을 겨를이 읎이
침만 발라 생켜두 소화만 잘 된다더니
고봉밥 뚝딱 해치우구
자갈 무너지는 소리로 트림하구 들로 나가더니

새 엄니 밑이서 클 때
설움 많이 받었지
맨주먹 쥔 남자 만나서
고상 징그럽게 혔지
논밭으로 뛰어다니며
손톱발톱 자랄 틈 읎이 동당거리구 살었지

자식새끼 여우살이 시키구
밥숟갈이나 먹을 만허니께
해필이면 그런 병에 걸려 가지구
아줌니 아줌니
목구멍에 뭐가 걸린 것 같어서 물도 못 생켜유

아가리 세 개나 달린 귀신
암(癌)에게 잡아먹힌
퀭하게 꺼진 눈

분오리돈대*

복사꽃 떨어질 때
꽃 받으러 오는 밀물

젖 떼는 아기 달래듯
꽃 받아 들고 가는 썰물

어여 가!
어여 가!
손사래 치다 앞섶 풀어진 복숭아나무
절벽 밑으로 후루루 혼줄 놓치고

숭어 속살 같은 꽃잎
울먹울먹 떠 간다
물결 문턱에 걸려 주춤
흔들리며
안 보일 때까지
뒷걸음으로 간다

절벽 위에 개복숭아나무
꽃 보낸 바다 쪽으로
허리가 굽었다

---

*분오리돈대 : 인천시 강화군 화도면 사기리에 있는 조선시대에 축조한 강화 54돈대 중의 하나. 강화도의 남쪽 해안 중앙, 현재 동막해수욕장 동쪽 끝에 있다.

악아

평생을 단 두 마디로 살다 가신 아주머니가 있었네
아그써바그가개
악아
노총각 악아는 그 두 마디면
모든 걸 알아들었네

치맛자락 휘둘러 감는 걸음걸이로
고무신 찔룩이며 오신 아주머니
뜰팡을 손바닥으로 쓰다듬으며
아그써바그가개
간절한 눈빛으로 미소 지었네
아그써바그가개
당최 무신 말씸인지
우리는 알아듣지 못했네
아그써바그가개
손바닥으로 거칠게 흙벽을 쓸어내리던 아주머니
원망과 분노로 일그러진 얼굴이
건너 마을을 향해 외쳤네

악아!

엄니!

메아리가 엇갈리며

아주머니의 악아가

맨발로 논두렁길을 달려왔네

흙손을 빌려 든 악아

분이 삭지 않은 엄니를 감싸 안고 돌아갔네

좁은 논두렁길 내내 어깨를 풀지 않았네

내가 아는 모든 언어는

아주머니의 두 마디에 이르지 못하네

속 터지는 일 있을 때

나도 어딘가를 향해

큰 소리로 불러보고 싶네

악아!

노을 성분

백반과 철과 식초
마음을 물들이는
매염제 성분이 들어 있다

엄마 꿈

팔순의 시어머님을 두고
한나절 외출했다 돌아왔다
초인종을 여러 번 누르고 나서야
느릿느릿 문을 열어주시는 어머니
삼 묻은 목소리로
친정엄니 꿈꿨어야
한참을 붙잡고 울다 깼어야
눈가에 눈물을 훔치며 어색하게 웃으신다

조금 더 늦게 올 걸

텔레비전 앞에 앉은 뒷모습이
엄마 잃은 다섯 살 계집애 같다

출구

닫힌 방충망으로 들어온 벌
문을 활짝 열어줘도 못 나간다
들어올 때는
집중할 꽃이 있었다

제3부

봄이 왔다

대추꽃이 피었다
지난봄 왔던 꽃들 다 다녀갔다

너만 없다

저녁 풍경

논두렁에 백로 한 마리 희미한 저녁

허벅지 높이까지 노란 물장화를 신은 할머니
낫처럼 굽은 허리로 외발 수레를 밀고 가신다
산 밑 외딴집 앞에 수레를 세우고
두리번두리번
대문 귀퉁이에 끼워 둔 열쇠를 찾으시나 보다

어둑한 마당에 발을 들이고
스위치를 더듬어 불을 켜는 손
온종일 뜬모를 심고
손톱 밑에 흙물 든 손으로
밥숟갈을 뜨시겠지
푸른 불빛 넘실넘실한 텔레비전
사람 목소리 들으려 켜놓은 채 주무시겠지

텃밭에 감자 잎사귀
거름발을 받아 시커멓다

감자는 주렁주렁
식구가 많겠다

재개발단지

텅 빈 동네 끄트머리
생선 굽는 냄새가 난다
길보다 낮은 슬레이트집
찌그러진 문 앞에
덩치 큰 흰 개가 저택 앞의 집사처럼 앉아 있다
개가 바라보는 컴컴한 안쪽에
백열전구가 등대처럼 떠 있다
머리를 틀어 올린 조그만 여자
부엌 바닥에 쪼그려 앉아
도마에 마늘을 다지고 있다
모두가 떠난 마을에
첫 입주자처럼
분주한 밥상을 차리고 있다
공책만 한 유리창
흙먼지 코팅으로 가려진 방에
허기 하나 전입했나보다
늦은 아침과 이른 점심 사이
골목을 깨우는 도마 소리

창문을 떼고 입 구 자를 새로 단 집들이
생선 냄새를 들이쉬고 있다
여자와 동네의 이력을 다 읽어온
유일한 증인처럼
늙은 개의 눈빛이 깊다

청구서

오래된 목련나무와 감나무 복숭아나무가 헌 이빨처럼 뽑히고
포클레인 바가지가 호두 아이스크림처럼
봉분 두 기를 떠냈다
봄부터 가을까지 속 썩인 것은
흙 속에 파묻혀 있던 단단한 바위들
발파작업이 방고래를 흔들며
이래도 버틸래?
쇠말뚝을 꽝꽝 박으며
더운 여름
창문 닫쳐
먼지를 흩날리며
이래도 버틸래?
타워크레인에 써 붙인 청구*
하늘을 휘저었다
그래도 버팅기자 마침내
한 층 한 층 높아진 청구서
진달래 피는 앞산과

노을 지는 하늘을 몽땅 차압해버렸다

무수한 창문이 입 벌리고 있는 청구
몇 년째 다물지 못하는 입으로
바람만 들락거렸다

당 현장은 공사대금을 받지 못하여
유치권 행사 중입니다

현수막이 바람에 펄럭이며 햇빛에 바래질 무렵
새 입주자가 들기 시작했다
망초꽃과 빗물 웅덩이는 기본 사양
고양이와 고라니들에게 입소문이 났다
저녁마다 입주자대표회의를 하는지
부엉이 소리가 났다

---

* 건설회사 이름.

똥

돈 잘 버는 서방에 일류 대학 나온 아들을 둔 동창생
아들 장가를 보내놓고는
얘, 며느리가 예단을
순전히 똥, 똥, 똥으로 해왔지 뭐냐
똥?
베네똥, 루이비똥……

갑자기 소나기 쏟아질 때 알아본다는 명품 핸드백
짝퉁은 머리에 이고
명품은 품에 안고 뛴다지

누구나 일생 품에 안고 뛰는 두 개의 똥이 있으니
이 세상에 올 때 처음 싼 배내똥
죽을 때 싸는 배내똥
짝퉁이 없는
살 똥
죽을 똥

바늘 팬티

언놈한테 버림받아 속이 헤까닥 뒤집혔다는디
동지섣달 추운지도 모른다네
옷이고 버선이고 다 벗어제끼고
산으로 들로 뛰어다녀 발바닥이 가시투성이라네

귀신 쫓는 디는 복숭아나무 회초리여
처녀네 집 뒤꼍의 물오른 복숭아 나뭇가지 한 다발
처녀 어머니 손으로 꺾어놓고
상기둥 대못에 남포등 내건 환한 마당
동네 사람들 멍석 둘레로 겹겹이 굿 구경났다
징징 꽹맥꽹맥
밤새 귀신 쫓는 소리 자지러지고
기둥에 묶인 처녀를
복숭아나무 회초리가 후려쳤다
동상으로 퉁퉁 부은 발 복숭아나무 진액처럼 디지고
아이고 아가, 그만 혀요 그만 혀
딸을 부둥켜안고 말려 보다가
굿상 앞에 두 손 싹싹 빌며 물러서는 엄마

새벽까지 발버둥 치던 처녀가
얌전하니 축 늘어졌다
날뛰던 귀신이 빠져 나갔으니
푹 자고 나면 씻은 듯 나을 거라

모두들 안심하고 늦잠 잔 이튿날
쎄한 마을의 기운
처녀네 집 사랑방에
엄마들이 모여 앉아 바느질을 하고 있었다
울음이 터지는 입을
손가락으로 안채를 가리키며 틀어막았다
윗방에 죽은 딸을 눕혀놓고
안방에서 처녀 아버지가 헛기침을 하고 있었다

건장한 사내놈도 품고 갈 만한 겉옷을 만들어놓고
맨 나중에 만든 팬티
누가 처음 바늘을 꽂을지 주저하던 엄마들
음모처럼 무수한 바늘을 꽂으며

울음 둑이 터져버렸다

그때 그 바늘 끝은
누구를 향해 꽂혔던 것일까

허리 휘는 봄

버들강아지가 짖어 잠 깬 산
식전 댓바람부터 작두물 퍼 올리느라 수선스럽다
식솔 많은 가장이
구멍 난 난닝구를 벗어놓고
발등에 힘줄 돋우며 물을 퍼 올린다
눈 트면 잎 벌리는 것들
우우, 기지개 켠다

허리 펼 겨를 없다

웃음이 옮겨 붙다

헌 자전거 뒤에 할머니를 태우고 가는 할아버지
경비실 앞 비탈길에서 휘청거린다
할아버지 허리를 꽉 움켜쥐며 까르르 웃는 할머니
웃음이 경비아저씨 얼굴로
확 옮겨 붙었다
지나가던 내가 두 웃음을 얼른 받아 챙겼다
무인카메라 밑을 지나 관리소 지나
번호를 눌러 101동 현관문을 열고
열쇠를 돌려 202호 문으로
무사히 들여온 웃음
화장실에서 손을 씻으며 거울에도 붙여주었다

인사하려고 눈 맞추려 할 때마다
먼저 딴 곳으로 얼굴을 돌리던
수줍고 키 작은 경비아저씨
몇 년 만에 피운 웃음꽃
첫 냉잇국처럼 향기롭다

지퍼 자국

뒷동산 초입에서 만난 그녀
첫날은 고향을
이튿날은 남편의 직업을 밝힌다
오늘은 단추 하나를 풀어
유방암 수술 자국을 보여준다
내장과 두뇌의 평준화가 이루어진다는 오십 대
아랫배, 가슴, 허리
열었다 닫은
지퍼 자국 한두 개쯤 기본이다

오른팔을 못 쓰는 그녀와
앉았다 일어서면 어지러운 그녀의 남편이
호미로 끌적거려 만들었다는 4인용 식탁만 한 밭
상추씨를 넣고 와서는
내 옆에다 식탁 하나 장만해볼텨?
칼자국 많은 연대감이다

아직 만들지도 않은 밭

푸른 상추 잎이 눈앞에 기운차게 너펄거린다
올봄에는 밭의 지퍼나 열어볼까
상추 씨앗이나 넣고 다독여볼까

낡은 배낭 같은 몸
물오르는 참나무에 기대어 숨 고른다

4H클럽에 대한 추억

아부지와 아들놈이 투전판 벌어졌는디
돈을 잃은 아부지는 아들을 보고
아이구 이놈아 그만 잡어라
늬 애비가 불쌍치 않니
아이구 아부지 개소리 말어
돈 벌어서 장가갈 테야

굳세어라 금순아 노랫말을 요따우로 바꿔 부르던
동네 청년들
4H클럽 기치 아래 모였다
한 해 겨울이면 전답에 선산까지 말아먹는
사랑방을 덮쳐 작대기로 뒤엎었다
자식 같은 놈들에게 뚜딜겨 맞은 노름꾼들
어디 가서 입도 뻥끗 못했다

배호 노래를 근사하게 부르던 오빠는
투전판을 휘젓고 온 새벽이면
거동이 매우 의젓해졌다

어느 집에서 사달이 났느냐고 물어도
엄니는 뭘 그런 걸 물어본대유
빙긋이 웃고 이불 속으로 들어가 버렸다

별이 빛나는 밤

술 취한 아버지의 귀가를 기다리다가
별이 참 지저분해
물보다 쓰레기가 많은 개천에
깡통 차 넣듯 한마디 하고 하늘을 올려다보던 친구
내 발등의 신발도 안 보이는
어둠 속으로 배구공처럼 튀어 갔다
아버지 팔짱을 끼고 오다가 문득 등 돌려
바지 지퍼를 올려주느라
아버지 앞에 무릎을 꿇던 여고생

은하수가
모래내 천변에 늘어서 있던
판잣집으로 보였을까

마누라 없이는 살아도 장화 없이는 못 산다던 모래내
은좌극장*은
별이 뜨는 게 아니라
늘 비가 내린다는 소문이었다

새벽하늘의 별보다도

새벽까지 꺼지지 않은 연탄불 구멍이 아름답던

모래내

---

*서울시 서대문구 남가좌동에 있던 극장.

폭설

이제 끝이다

다 털어버리고 떠나자

작정하고 퍼붓는 눈

할 수 없이 다 뒤집어쓴
소나무가 희다

밤샘 근무 중인 보안등
흐린 눈 비비다 깜박 졸고

방앗간 집 야반도주했다

바람 든 무에 새싹 돋는 이월
왕겨만 산처럼 쌓아놓았다

눈 뜨다

산은 산이요
물은 셀프인 식당

끓는 두부찌개 속에
새우젓
눈이
떴다

보름달의 자폐

뉴스에 귀를 팔다가
자동차 앞 유리에 달의 이마를 부딪쳤다

육교를 넘어 오다 가로등 사이에 끼인 달이
자동차 불빛들의 반사에 얼빠져 있다
유월의 땡볕을 걸어 왔는지
땟국이 꾀죄죄하다

어디서 굴러먹던 촌뜨기야
쏟아지는 눈총들
키 큰 가로등 밑으로
기어 들어가야 할 것 같다

똥통 학교라도 좋아
전학시켜 줘

왕따 당하는 게 두려워
치마를 줄여 입던 범생 딸이

문을 닫아버렸다
천애 고아 달처럼
그믐 속에 은거해버렸다

폐지 예찬

서방은 잠깐 좋지만
화투는 밤새 재밌지
그 재밌는 걸 안 하고
이거 한 지 십 년 됐어
내 나이가 지금 팔십인디
십 년 전에 혈압으로 쓰러졌다가
이렇게 돈벌이하는 것이 기적이지
환경 살리고
경제 살리고
내 건강 살리는 일이여
걸어 다닐 수 있을 때까지
정년퇴직도 없으니
이보다 감사한 일이 어딨어
경찰이 교통 방해 된다고 단속할 때도 있어
내가 이 짓을 안 하면 그런 소리 들을 것 없는디
내 탓이라 생각하면 원망할 것 없구 속 편햐
서방이 속 썩이는 것두 그 사람을 만났기 때문이구
자식이 속 썩이는 것두 내가 낳았기 때문 아닌감

메디컬센터와 영화관이 있는 뒷골목
서방보다
화투보다 재밌는 폐지들이
밤새 수북이 쌓여 있다

뫔

화장실 갈 때마다 신경 써지는
샴푸 이름 뫔

때죽나무꽃이 별처럼 쏟아진 오솔길
사람들 소리에서 멀어져
새소리와 꿀벌 소리, 꽃향기에 에워 쌓였다
한걸음 가다 멈추고 조금조금 이끌려가듯 걷다가 문득
모든 소리와 향기가 뚝,
멈추는 것 같은 고요로움 속에 자리한 궁녀사(宮女祠)*
섬뜩 혼자라는 생각에 돌아서려 할 때
불쑥 나타난 사십 대 아저씨
고맙게도, 한문에 어두운 내게
현판 설명을 해준다고 자청했다
宮자의 갓머리 밑에 뫔가
입과 입 사이에 있는 혀
키스를 뜻하는 거라고
누런 금니를 드러내며 웃었다

수치심으로 얼굴만 붉어졌던 몸
뚜껑을 두 번 펌프질 한다
머리칼을 헹구어도 찝찝한
열여덟 살과 삼천궁녀를 희롱한 몸

그 입에 돌려주고 싶은
입 달린 한자들
금테 두른 구(釦)
토할 구(歐)
개 구(狗)
때릴 구(毆)

열여덟 살로 돌아가 묻는다
인자 션혀?

손님은 왕이시다

새소리 명랑한 아침이다
이런 봄날에는 빨리 문밖으로 나가 활동하고 싶지만
아래층에 왕께서 늦잠을 주무시므로 조용히 해야 한다
왕께서는 밤늦도록 여러 종류의 술을 드셨으므로
아침 일찍 기침하실 수 없는 건 당연한 일
이번 왕께서는 점잖으시고 인정도 있어
맥주 한 잔을 하사하시기도 했다

지난번 왕께서는 남녀 대신들과 함께 고기를 구워 드시다가 벌떡 일어나
몇 발짝 걸어가시더니 바로 등 돌리고 지퍼를 내리셨다
짐의 등이 바로 화장실 칸막이로다
다리를 쩍 벌리고
벚나무 밑동에 오래도록 뜨끈한 오줌 세례를 하셨다
노여움을 말로 표현할 수 없는 왕께서는 새벽에 와장창 그릇을 깨부숴
잠든 백성을 혼비백산하게 했는데
오리발 출신 대신들은 이튿날 아침 컵 한 개만 깼다고 입

을 모았다

왕께서는 통이 크시므로 작은 재떨이가 눈에 띄지 않는지라
동서남북 꽁초를 버리는 곳이 곧 재떨이요
화재보다 모기를 더 두려워하사 창틀 식탁 벤치
가시는 걸음마다 모기향 태운 사국을 남기셨다
존엄하신 왕께서도 엎드려 이실직고하실 때가 있으니
이불과 화장실에 간밤의 내용물을 보여주실 때이다
때로는 꽃을 좋아하는 왕이 계셔서
몰래 예쁜 꽃을 파 가기도 하신다
화투를 치면서 담배를 피우는 왕께서는
춥다 보일러를 올려라
창문을 열어놓은 채 명령하시지만
감히 에너지 정책을 들먹일 수는 없는 일
손님은 왕이시다

어제 왕림하신 왕께서는 점심때쯤에나 기침하실 것 같다
호미 들고 풀이나 뽑으러 나가야겠다

돈 메이크 베이비

총각은 들뜬 목소리로 전화를 했네
어머니, 사랑하는 여자가 생겼어요
지구 저편의 어머니는 자기네 나라말로
아들에게 일렀네
don't make baby

처녀네 나라 말을 배우며
2년을 기다린 청년은
마침내 결혼 허락을 받았네
느티나무 새잎이 반짝이고
영산홍 붉게 핀 오월
축복 속에 결혼을 했네

가난한 남자는 2년 후에 아기를 갖자고 했네
2년이 되었을 때
탁구공만 한 암 덩어리가 남자를 쓰러뜨렸네
지구 이편의 어머니는 자기네 나라말로
딸에게 말했네

아기를 가지면 안 된다

남의 아이를 보면 눈을 떼지 못하던 남자
아가는 발가벗고 이 세상에 오기 때문에
돈을 모아서 무엇이든지 다 해줘야 해
더운 여름날 음료수 한 병 값을 아끼던 남자
스스로 아기가 되어버렸네
바지에 오줌을 지린 채로
빵을 사러 가는
서른 살 아기가 되어버렸네

구멍 세 개 뚫은 자국이 있는 남자의 머리를 안고
신혼의 아내는 말하네
아가, 착하고 예쁜 우리 아가

날 깨우지 마*

너는 멀리 가고
휴대폰만 남아

아침 여섯 시에 울리는 알람 소리
날마다 네 고단한 잠을
멱살잡이 하던
날 깨우지 마

너를 보내고
도토리 껍질을 깠다
궤도를 이탈하면 안 될 것처럼
눈 떠서 잠들 때까지 먼지 구덩이 속에 앉아
도토리 껍질만 깠다

껍질을 까면
삭발한 네 머리통
벌레가 길을 낸 머리통
마르면서 까맣게 졸아드는 머리통

손톱이 갈라지고 지문이 닳도록

손에서 놓을 수 없었다

* 크리스 브라운의 노래, 〈Don't Wake Me Up〉.

달밤

자던 새
고쳐 앉는 소리
달의 귀가 서는 밤
큰 기침 참고 있는 산속으로
조마조마
가랑잎 딛는 고라니 발

해설

참을 수 없는 중얼거림

정병근(시인)

『귀는 왜 줄창 열려 있나』. 문득 김국태 선생의 소설 제목이 떠오른다. 소문과 말에 민감한 직장인의 비애를 그린 작품으로 기억한다. 이것을 '눈은 왜 줄창 보는가'라는 화두로 옮길 때 장순익 시인의 시적정취(poésie)를 이해하는 데 도움이 될 듯하다. 시인은 보는 자이다. 시에서 본다는 것은 시청후미촉(視聽嗅味觸)의 오감과 견오성찰을 모두 포함하는 개념이다. 시인은 이러한 시안(詩眼)으로 외부의 사태를 감지하고 포착하여 시를 쓴다. 장순익 시인은 본질을 꿰뚫는 남다른 시안을 가지고 있는 듯하다. 결국 본다는 것은 보는 대상의 발언을 듣는다(입력)는 것이고 그것을 시로 표현(출력)할 때 '입은 왜 줄창 중얼거리나'로 귀결된다. 겉말이든 속말

이든 시인은 듣고 본 것을 끊임없이 되새기고 중얼거린다. 그 중얼거림이 바로 시다.

이번 시집에 실린 장순익 시인의 시의 특징은 두세 가지로 말할 수 있을 것 같다. 가장 두드러진 특징은 시적 세계관의 측면에서 이른바 '남성 마초 사회(역사)'에 대한 반감이다. 이 시집은 인물의 서사를 다룬 시들이 주를 이루고 있는데 시에 등장하는 인물의 대부분은 여자(어머니/아주머니/언니 등)이며 따라서 모든 사태를 여자의 관점에서 재구성하려는 욕망을 보인다. 의도적으로 남자를 배제하거나 권위를 추락시켜 풍자의 대상으로 희화화함으로써 '여성 중심 서사'의 내심을 숨기지 않는다. 이것은 장순익 시인의 기질적 성향인 듯 보인다. "허우대 멀쩡헌 것만 보구 데려 왔더니/시집온 다음 달부터 이빨 박는다구 싸다니질 않나/완전 피박을 뒤집어쓴 거여"(「부부 2」)라고 하는가 하면 "엘리베이터에서 마주치면 얼굴도 못 드는 위인/한밤중에 벽에 걸린 거울을 떼어 던지고/…(중략)…/물 말아 먹던 밥사발로 마누라 정수리를 내리쳐/집 앞으로 콩나물 사러 갈 때도 모자를 쓰게" 만든(「그 집 자식들 다 삐뚤어질 줄 알았다」) 소심한 폭군을 비하한다. 또한 「손님 대접」에서는 "맨손에 철수세미"를 들고 변기를 닦다가 들킨 "영감님"을 희화화하기도 한다.

장순익 시에서 보이는 이러한 경향은 흔히 말하는 페미니

즘과는 결이 좀 다르다. 이른바 '성적 자기 결정권'을 누리면서 남성과 대등하겠다는 요즘 식의 관념보다는 오히려 탈여성주의에 더 가깝다. 남성 사회로부터의 억압을 감내하며 가족을 꾸려온 그들은 '여자 인간'이며 철부지 남자들의 치다꺼리를 도맡아온 대모(大母)와도 같은 존재들이다. "양손에 바가지 들고/조석으로 쌀 이는 손이 있다"(「큰손」)와 같은 구절은 바닷물이 들고 나는 '조석(潮汐)'과 끼니를 뜻하는 '조석(朝夕)'을 중의적으로 빗대면서 가족의 끼니를 걱정하고 보살피는 어머니(여자)의 크나큰 마음을 표현하고 있다.

이 시집에 실린 시들의 또 하나의 특징은 어법(서술 형식)에서 쉽게 찾아진다. 의뭉스러운 충청도식 입담을 곁들인 사설조의 입말체들이 자주 구사되는데 이것은 장순익 시의 독특한 면모라 할 만하다. 엄밀히 말하면, 생각하거나 들은 이야기를 옮기는 식의 서사체에 더 가깝다. 이러한 어법은 글과 소리가 어우러져 읽는 맛과 듣는 맛을 동시에 느낄 수 있다. 읽으면서 듣는 즐거움이라니! 시는 말과 가장 가까운 문학 장르라는 점을 다시 한 번 깨닫게 해준다. "강화군 화도면 내리에서 흥왕리 가는 피넘이 고개가 있는데요. 그 꼬불칭한 십여 리 길에 해마다 복사꽃이 피는데요. 날씨가 화창하면 화창한 대로, 물안개가 피면 또 아스라이 몽롱한 것이 사람 홀리는데요."(「복숭아꽃」), "아무나 붙잡고 다리 감아 돌리지 말어/곰탱이 퀑이 구석에 머리 처박구 있다가/사래 들린 소리로 내뺀다야"(「등꽃」), "그쩍이는 돌림병이 흔혀서 언제 죽을지 몰라 첫돌 지나고 나서야 출생신고를 혔다는디유, 그려서 그렁가 울 엄니는 자식들 생일두 깐단허게 말씀 안 허시구 지드만허게 늘궈서 말씀허셨지유."(「지드만 생일」) 등등에서 보는 바와 같이 구절들을 읽어 내려가다 보면 말맛이 생생하게 살아서 입에 감기는 느낌이다.

다음으로 눈에 띄는 특징은 시적 태도 및 사유(발상)와 관련한 부분인데, 시인은 풍자와 골계의 태도를 견지하면서 패러디, 냉소, 해학, 중의, 반어, 촌철살인 등의 어법을 능숙하게 구사하고 있다. 이런 표현 전략은 각각의 상황과 어울리면서 세태 비판으로 귀결된다. 그 세태는 바로 남자들이 저질러놓은 오늘날의 부조리한 현실인 것. 시인은 대세적 세상을 비꼬면서 곳곳에서 드러나는 우리 사회의 언밸런스를 우스꽝스럽게 비틀고 고발한다. 그러나 많은 시에서 보이고 있는 중의적 언술들은 자칫 언어유희에 빠질 우려가 있음을 지적하고 싶다. 「몸종」의 '몸종(從)=몸종(鐘)', 「달집」의 '달집=여자' 「큰손」의 '조석(潮汐)=조석(朝夕)' 등에서 보인 중의는 적절한 알레고리로 읽히지만, 「복날은 간다」, 「지드만 생일」, 「뺑치기」, 「괴수촌」, 「청구서」 등의 경우는 다소 거칠고 억지스러워 보인다.

위와 같은 특징적 맥락을 염두에 두면서 그의 아름다운 시 몇 편을 읽어보자.

건너실 산 밑에 아줌니는 생전 마실도 안 다녀 자기가 안 다니니까 남들도 그 집에 안 가 어쩌다 비탈밭에 수건 쓰고 앉아 밭 매는 거나 볼까 뭘 먹고 사는지 장에도 안 다녀 남정네가 있나 품앗이를 하나 가을이면 온 동네 지붕 새 이불 덮은 것 같은디 그 집 하나만 시커멓고 움푹 꺼져도 이엉 엮어줄 사람이 있나

겨우내 눈 쌓이고 녹아내려 더 납작해진 그 집
봄 되면 아주 사라졌다
크나큰 팔이 포옥 감싸듯이
늙은 벚나무와 살구나무가 꽃을 피워
아주머니도 초가지붕도 다 감춰버렸다

먼빛에서 볼수록 궁금증이 뒤꿈치 들썩거리는 봄
나물 뜯으러 갔다가
뒤껼 울타리 사이로 보았다
두 딸이 꽃그늘과 햇빛을 반반씩 걸친 멍석에 앉아
머리를 빗겨 땋아 주는 것을
늙은 벚나무와 살구나무 사이에 줄을 맨 바구니에서
아기가 주먹을 빨며 가만가만 흔들리는 것을

해마다 봄이 되면 꼭 그 집만
아들만 아홉 둔 집도 아니고
바깥마당에서 풍물패 놀이하던 부잣집도 아니고
산 밑에 아줌니 집만
크나큰 꽃 품에 안기는 비밀
이 세상 하루만 허락된 소풍처럼
친정집 뒤꼍으로 소풍 올 각별한 딸들이 있기 때문

꽃그늘 아래 주먹을 빨던 아기
지금쯤 나이 사십은 되었겠다

—「비밀의 화원」 전문

위의 시는 금남(禁男)의 이상향을 그리고 있다. 앞서 말한 '여성 중심 서사'의 원형공간이 잘 드러난 시이다. 1연은 다른 사람의 말을 옮기는 사설조로 시작하고 있는데 시를 읽는 또 다른 맛을 선사한다. 마치 두 사람의 소리(낭송)가 시를 이끌어가는 듯하다. "건너실 산 밑에 아줌니"는 외부와 단절된 삶을 살고 있다. 그 사연은 모르겠으나 "장에도 안" 다니고 "품앗이"도 안 하고 집을 돌보아 줄 "남정네"도 없다. "크나큰 팔이 포옥 감싸듯이/늙은 벚나무와 살구나무가 꽃을 피워/아주머니도 초가지붕도 다 감춰"버린 그 집은 시인의 엿봄을 통해 고립무원이라기보다 몽환 같은 선경으로 재현된다.

친정집에 온 "두 딸이 꽃그늘과 햇빛을 반반씩 걸친 멍석에 앉아" 늙은 어미의 "머리를 빗겨 땋아주고", "벚나무와 살구나무 사이에 줄을 맨 바구니에서/아기가 주먹을 빨며 가만가만 흔들리는 것을" 목도한 시인은 한없는 평화로움을 느낀다. 시인에게 그곳은 마치 별유천지나 무릉도원 같은 곳처럼 각인된다. 이 시를 지배하는 정서는 여성성과 모성이 이루는 평화로운 세계(공간)이다. 그곳은 남자가 배제된 공간이며 어떤 아픈 곡절이 있음 직하지만 시인은 오히려 그것을 무시하고 "산 밑에 아줌니 집만/크나큰 꽃품에 안기는 비밀"은 "친정집 뒤꼍으로 소풍 올 각별한 딸들이 있기 때문"이라며 그들의 현재적 행복에만 관심을 집중한다. 의도적으로 불행한 사연을 단절시킴으로써 여성 중심 서사의 이상향을 도드라지게 드러내 보인다. 여자들의 불행은 대개 남자들로 말미암은 것이고 "이 세상 하루만 허락된 소풍처럼" 한순간만이라도 남자(걱정)들로부터 해방된 세상을 꿈꾸는 시인의 동경이 작용하고 있다.

장순익 시인의 이러한 생각은 어머니(모성)에 대한 무한한 연민과 위무로 이어진다.

> 귀 어두우신 어머니
> …(중략)…
> 방문을 열고 전기 스위치를 올리자

텔레비전 쪽으로 돌아누운 어머니
어깨 흔들어 깬 잠이
연속극 이어 보시는 눈이다

보일러실에 배추 몇 포기 신문지에 싸 놨다
늬 성 줄라구 냉겼는디 언제 올라나
먼저 온 놈이 가져가라
마루 끝에서 손 흔드시던 어머니

베란다에 두고 잊었다
신문지를 풀자 옆으로 누워 쪼그라져 있는 배추
겹겹이 수분을 말려 염하고 있다

—「배추」 부분

하루 열여덟 개의 알약을 삼키고
일주일에 다섯 번 요양보호사의 방문과
한 달에 두 번 목욕 차량의 도움을 받는 어머니
…(중략)…
5분에 한 번씩
너 점심은 먹었니 묻는 정신이
자식 입에 음식 넣어주는 게 뭐길래
딴 힘이 솟았다
지척지척 플라스틱 슬리퍼를 꿰고 나와

대파를 뽑으신다
고무줄바지 흘러내린 괴춤으로
따뜻한 햇볕이 찬찬히 진찰하고 있다

—「움파」 부분

귀가 어둡고 거동이 불편한 어머니는 혼자 사신다. 어머니의 유일한 낙은 텔레비전을 보는 것이다. 우리네 부모님의 모습이다. 뵈러 갈 때마다 불편한 몸임에도 금방 생기를 찾아 시인에게 밥 안부를 재차 묻고 떠나올 때는 배추며 파를 챙겨준다. "보일러실에 배추 몇 포기 신문지에 싸 놨다." "마루 끝에서 손 흔드시던 어머니"라는 대목에 이르면 코끝이 찡하다. "자식 입에 음식 넣어주는 게 뭐길래" 그까짓 배추가 뭐라고… 돌아온 시인은 "베란다에 두고 잊었"던 배추를 보며 자괴감에 빠진다. 말라가는 배추를 어머니의 모습과 동일시하면서 "겹겹이 수분을 말려 염하고 있다"고 표현한다. 시인은 그저 어머니가 불쌍하고 안타까울 뿐이다. 세월을 어쩔 것인가. 어머니는 자식에게 그런 존재다. 어머니는 목숨이 다할 때까지 자식에게 뭔가를 줘야 하는 숙명이다. "딴 힘"이 솟듯이 "대파"를 뽑으시는 어머니의 모습이 처연하기 이를 데 없다.

그리고 마침내 어머니는 돌아가셨다. 「그까짓 양평해장국 쇠고기 건더기가 뭐라고」에서는 "불구덩이로 들어가는 어머니를 본 지 몇 시간이나 지났다고" "봉분 같은 밥 헐어/꾹꾹 말아 삼키지 않는다고/그까짓 수입 쇠고기 건더기 좀 남긴 게/뭐 대수여?//도대체 오 년 동안 삭지 않은/이 밥알/어느 구석에 있다가 치미는 건가"라며 향방 없는 분노를 표출한다. 아마도 친정 가족들에게 섭섭한 마음을 토로한 듯 보인다. 시인은 문득문득 어머니를 떠올린다. 그것은 어머니를 부르면서도 보내야 하는 간절한 사모곡이다.

잘 가!
버스 두 번째 계단에 발을 올린 사람
등 뒤에 얹어 보낸 목소리
버스는 떠나고
내 입에서 튀어 나온
어머니 목소리

…(중략)…

가라앉힌 엿기름물을 분리할 때
그 앙금의 쏠림 같은 마음이 배웅하는
잘 가!

새벽에 잠깨어 홀로 있을 때
다시 듣고 싶은 그 음성

딱 한 번만 내 목젖에 실어주셨다

언젠가부터 내 몸에 깃드신 어머니
오른쪽 뺨과 오른쪽 손등에
검버섯으로 피어났다
—「6차선 도로에서 어머니 목소리를 듣다」 부분

"잘 가!"라는 말은 헤어질 때 나누는 흔한 인사이지만 이미 저세상으로 떠난 사람이 생전에 했던 목소리를 떠올릴 때 쓸쓸하고 깊은 울림을 남긴다. 그래서 "잘 가!"라는 말은 이승과 저승에서 나누는 마지막 인사로 환유된다. 시인은 어머니와 헤어질 때 들었던 "잘 가!"라는 말을 되새기며 사별의 그리움을 표출한다. 그것은 생전의 어머니가 시인에게 한 말이지만 이제는 시인이 저세상의 어머니에게 하는 말로 바뀐다. "잘 가!"라는 말은 이쪽과 저쪽을 넘나들면서 깊은 울림을 준다.

한편 위의 시가 어머니를 잃은 시인의 마음을 담고 있다면 아래의 시는 자식을 세상으로 내보내는 어머니의 마음을 나타내고 있다. 미학적으로 잘 완성된 시라고 생각한다.

복사꽃 벌어질 때
꽃 받으러 오는 밀물

젖 떼는 아기 달래듯
꽃 받아 들고 가는 썰물

어여 가!
어여 가!
손사래 치다 앞섶 풀어진 복숭아나무
절벽 밑으로 후루루 혼줄 놓치고

숭어 속살 같은 꽃잎
울먹울먹 떠 간다
물결 문턱에 걸려 주춤
흔들리며
안 보일 때까지
뒷걸음으로 간다

절벽 위에 개복숭아나무
꽃 보낸 바다 쪽으로
허리가 굽었다

—「분오리돈대」 전문

이 시에 나오는 말은 "어여 가!"이다. "잘 가!"와 "어여 가!"의 차이는 무엇일까. "어여 가!"는 주저하거나 뒤돌아보지 말고 '가서 잘 살아라'는 기원이 담겨 있다. 이것은 자식을 떠나보내는 어머니의 마음이다. 자식은 언젠가는 어머니의 품을 떠난다. 이 시에서 "꽃잎"은 "젖 떼는 아기"로 비유되는데 어떤 비극적 사연을 암시하면서 어디론가 '팔려가는 듯한' 느낌을 준다. 이것은 이산(離散)과 이별의 슬픔을 강화하려는 시적 알레고리로 읽힌다. 결국 가난과 관련이 있을 것이다. 그러면서 두 가지 마음이 겹치고 있다. "개복숭아나무"를 시인의 어머니로 생각한다면 "꽃잎"은 시인 자신일 테고 "개복숭아나무"가 시인이라면 "꽃잎"은 시인의 자식들일 테다. 모든 여자는 결국 어머니가 되는 것이다. 시인도 그런 어머니가 되었다. 그래서 "언젠가부터 내 몸에 깃드신 어머니/오른쪽 뺨과 오른쪽 손등에/검버섯으로 피어났다"(「6차선 도로에서 어머니 목소리를 듣다」)고 술회한다. 그때 떠나간 "꽃잎"(어린 자식)들은 어찌 살고 있을까. "집 나가봐야 별수 있간디/인력으로 본병 도지는 걸 어쩌겄어//양손에 바가지 들고/조석으로 쌀 이는 손이 있다"(「큰 손」). 그러니까 부처님 손바닥 안이다. 장순익의 시에서 집 떠난 자식들은 대개 남자일 것이고 그들은 다시 세상의 남편들이다. 세월의 아이러니라고 아니할 수 없다.

위에서 인용한 시 외에도 어머니에 대한 연민과 여성의 수난사를 다룬 시편들이 많은데, 시집의 3부에서는 이와 조금 궤가 다른 시편들이 눈에 띈다. 직접적인 풍자와 분노 같은 요소들이 줄고 비교적 객관적이고 절제된 정서를 보이고 있는 시들에 주목한다. 한바탕 소용돌이가 지나간 후의 맑은 상태랄까 아무튼 그런 것이 느껴진다. 냉정한 관찰과 적확한 비유, 구체적인 묘사가 돋보이는 다음 시를 보자.

텅 빈 동네 끄트머리
생선 굽는 냄새가 난다
길보다 낮은 슬레이트집
찌그러진 문 앞에
덩치 큰 흰 개가 저택 앞의 집사처럼 앉아 있다
개가 바라보는 컴컴한 안쪽에
백열전구가 등대처럼 떠 있다
머리를 틀어 올린 조그만 여자
부엌 바닥에 쪼그려 앉아
도마에 마늘을 다지고 있다
모두가 떠난 마을에
첫 입주자처럼
분주한 밥상을 차리고 있다
공책만 한 유리창
흙먼지 코팅으로 가려진 방에
허기 하나 전입했나보다
늦은 아침과 이른 점심 사이
골목을 깨우는 도마 소리
창문을 떼고 입 구 자를 새로 단 집들이

생선 냄새를 들이쉬고 있다
여자와 동네의 이력을 다 읽어온
유일한 증인처럼
늙은 개의 눈빛이 깊다

—「재개발단지」 전문

"모두가 떠난" 재개발단지. 떠나지 못한 한 집에서 음식을 만들고 있는 장면을 잘 드러내고 있다. 먹어야 산다. 시인은 자신의 주장(의견)을 제거한 채 보이는 대로만 묘사를 하고 있다. 그런 태도를 취하고 있다. 정밀한 묘사와 절묘한 비유들이 어울리면서 시의 분위기를 이끌고 있다. 잘된 묘사는 그 자체로 시가 된다. 다른 설명이 필요 없다. "길보다 낮은 슬레이트집/찌그러진 문 앞", "머리를 틀어 올린 조그만 여자/부엌 바닥에 쪼그려 앉아/도마에 마늘을 다지고 있다", "창문을 떼고 입 구 자를 새로 단 집들"에서처럼 시인은 마치 사진을 찍듯이 카메라의 앵글(시안)을 피사체(사건)의 중심에 정확하게 맞추고 셔터를 누른다. 다른 생각이 개입하면 초점이 흐트러진다. 시인의 이런 시적 자세는 시를 집중시키고 객관적인 공감을 얻는 데 매우 유용한 방법이다. 잘된 묘사는 감각적인 이미지를 형성한다. 시인은 시를 통해 무언가를 말하고 싶은 것인데 메시지의 욕망이 강할수록 시적 긴장(탄력: tension)은 상쇄된다. 묘사와 함께 적절한 비유(직유)가 가

미될 때 수준 높은 시적 미학이 탄생한다. "덩치 큰 흰 개가 저택 앞의 집사처럼 앉아 있다", "백열전구가 등대처럼 떠 있다", "첫 입주자처럼/분주한 밥상", "공책만 한 유리창", "여자와 동네의 이력을 다 읽어온/유일한 증인처럼/늙은 개의 눈빛이 깊다"는 얼마나 절묘한 비유인가! 시는 평론도 아니고 잠언도 아니다. 현재의 언어로 현장 속에 듬뿍 파고들 때 좋은 시가 만들어진다. 이 시는 그런 점을 잘 보여준다. 시인은 설명하지 않았지만 독자는 '아, 정말 짠하군.' 하고 느끼는 것이다.

그의 또 다른 시 「지퍼 자국」은 귀촌한 여자 이야기를 담고 있는데, 유방암 수술 자국을 보여주는 그녀에게 시인이 "오십 대" 정도면 "아랫배, 가슴, 허리/열었다 닫은/지퍼 자국 한두 개쯤 기본이다"고 너스레 섞인 위안을 주는 대목도 인상적이다. 이밖에도 "산 밑 외딴집"에 홀로 사는 할머니의 고된 하루를 묘사한 「저녁 풍경」과, "새벽하늘의 별보다도/새벽까지 꺼지지 않은 연탄불 구멍이 아름답던/모래내"를 추억하는 「별이 빛나는 밤」, 사춘기 때의 수치스런 에피소드를 화장품 이름과 매치시킨 「몸」 등은 매우 아름다운 시리고 생각한다.

장순익 시의 지배적인 정서는 풍자와 골계이다. 그것은 중얼거림의 형태로 나타나는데 대상을 절묘하게 비켜가며 허를 찌르는 '측면 풍자'보다는 사설조의 입말체로 돌진하는 '정면 풍자'에 가깝다. 정면 풍자는 당장은 통쾌하지만 되새길 여백이 부족하고, 측면 풍자는 핵심을 비껴가는 단점이 있다. 정면 풍자는 외부의 억압을 향한 투쟁의 한 방식으로 잘 쓰인다. 가령 김지하 시인의 「오적」이나 「대설」은 정면 풍자이고, 황지우 시인의 「새들도 세상을 떠나는구나」와 같은 시들은 측면 풍자의 방식이라고 할 수 있다. 정면 풍자는 호통에 가깝지만 측면 풍자는 냉소적이다. 비유와 상징이라는 시의 속성을 고려한다면 측면 풍자가 더 시적이지 않을까… 필자 개인의 생각이다.

「4H클럽에 대한 추억」은 드물게도 측면 풍자의 방식을 취하고 있다. 박정희 정권 시절에 마을 청년들을 동원하여 노름을 단속하는 이야기인데 그 시대의 '완장'이라고 할 수 있는 젊은 권력에 굴복하는 기성세대의 몰락을 풍자하면서 한편으로 단속이라는 명목하에 자행되는 폭력을 넌지시 까발리고 있다. 보이지 않는 폭력은 오늘에도 여전히 일어나고 있다. 이 시의 마지막 연을 인용하며 글을 맺는다. "배호 노래를 근사하게 부르던 오빠는/투전판을 휘젓고 온 새벽이면/거동이 매우 의젓해졌다/어느 집에서 사달이 났느냐고 물어도/언니는 뭘 그런 걸 묻어본대유/빙긋이 웃고 이불 속으로 들어가 버렸다".

시인은 보는 자이고 듣는 자이고 그것을 옮기는 자이다. 시인은 오늘도 끝없이 중얼거린다. 시인의 다음 시집이 궁금해진다.

이 도서의 국립중앙도서관 출판시도서목록(CIP)은 서지정보유통지원시스템 홈페이지(http://seoji.nl.go.kr)와 국가자료공동목록시스템(http://www.nl.go.kr/kolisnet)에서 이용하실 수 있습니다.(CIP제어번호: CIP2016009951)

시인동네 시인선 052
악아

초판 1쇄 인쇄 2016년 4월 22일
초판 1쇄 발행 2016년 4월 29일
지은이 장순익
펴낸이 고영
책임편집 이현호
디자인 헤이존
펴낸곳 문학의전당
출판등록 제311-2012-000043호
주소 서울시 은평구 연서로11길 7-5 401호
편집실 서울시 마포구 마포대로 127, 413호(공덕동, 풍림VIP빌딩)
전화 02-852-1977
팩스 02-852-1978
블로그 http://blog.naver.com/mhjd2003
전자우편 sbpoem@naver.com

ISBN 979-11-5896-254-8 03810